Friedhelm Haas

Sind wir noch zu retten? - Von Unverbindlichkeit,
Verantwortungslosigkeit, Selbstsucht und anderen Krankheiten....

BoD™ - Books on Demand

Für Ingelore, Michael,
Torsten-Alexander, Franziska-Elena
und Jean-Pascal,
die in schweren Zeiten bedingungslos
zu mir gestanden sind.

Friedhelm Haas

Sind wir noch zu retten ?

Von Unverbindlichkeit, Verantwortungslosigkeit,

Selbstsucht und anderen Krankheiten.....

CIP-Einheitsaufnahme der Deutschen Bibliothek

© Copyright 2001 by Friedhelm Haas
79798 Jestetten
Alle Rechte vorbehalten
Umschlaggestaltung: Michael Haas
Herstellung: Books on Demand GmbH, Norderstedt
Printed in Germany
ISBN 3-8311-2022-6

Inhaltsverzeichnis

Einleitung

Ich gebe zu, dass der Titel dieses kleinen Buches recht provokativ gewählt ist. Das hat seinen Grund. In unserer heutigen Zeit wird über Probleme nur noch diskutiert, wenn eine Provokation vorausgegangen ist. Ich möchte hierzu ein bekanntes Beispiel zitieren: Die Parteiführung von «Bündnis 90 – Die Grünen» hat vor gar nicht langer Zeit gefordert, dass der Liter Benzin fünf Deutsche Mark kosten müsse, damit die Bürger dieses Landes aufwachen und schonend mit den ihnen zur Verfügung stehenden Ressourcen umgehen. Unabhängig davon, dass ich diese Forderung nicht teile, hat doch diese Formulierung landauf und landab zu heftigen Diskussionen geführt. Vielleicht ist doch manch einer ins Grübeln geraten und hat seine eigene Verhaltensweise in Bezug auf diese Forderung überprüft.

Sie sehen, es ist leider so, und ich möchte hier die Betonung auf «leider» legen, dass nur durch Provokation Diskussionen ausgelöst werden, damit es zu neuen Denkmustern kommt. Sicher lässt sich die im Titel angesprochene Problematik nicht in ein paar wenigen Zeilen erschöpfend behandeln. Das war auch nicht meine Absicht. Wenn ich mir die Wirtschaft ansehe, dann stelle ich fest, dass totale Ratlosigkeit, Resignation und Angst vor dem Kommenden die Handlungsweisen der Verantwortlichen bestimmt.

Die Vorstände und Aufsichtsräte des Konzerns «Daimler-Benz» verkünden auf ihren Generalversammlungen schon seit Jahren, dass sie es schaffen werden, den Konzern zum Größten der Welt zu machen. Es wurden Unternehmen dazu gekauft, neue Geschäftsbereiche etabliert und auf jeder Aktionärsversammlung den anwesenden Aktionären verkündet: «Wir sind auf einem guten Weg.» Und dann kam die erste, größere Pleite. Man musste eingestehen, dass man sich mit dem Flugzeugbauer» Fokker» ein Ei ins Nest gelegt hat. Zwischenzeitlich spricht niemand mehr davon. Auf einmal titelten die Medien, «Daimler-Benz» will den amerikanischen Fahrzeughersteller Chrysler kaufen. Alle Welt schaute nach Stuttgart und Detroit. Obwohl die Konzernleitungen erst dementierten und diesen Deal als Gerücht bezeichneten, wurde kurze Zeit später die Öffentlichkeit vom Gegenteil unterrichtet. Zwischenzeitlich steckt Chrysler so tief in den roten Zahlen, dass eine Sanierung mehrere Jahre in Anspruch nehmen wird. Und warum ist dieses, doch noch vor kurzem so gepriesenes Unternehmen plötzlich marode? Weil man sich nicht am Markt orientiert hat. Weil man mögliche Absatzeinbrüche nicht einkalkuliert hat. Weil man glaubte, es ginge alles so weiter. Ich nehme ganz sicher nicht für mich in Anspruch, weltwirtschaftliche Zusammenhänge detailliert beurteilen zu können. Aber aus eigener Erfahrung weiß ich, dass Größenwahn blind macht, den eigenen Blick verschleiert und im krassen Gegensatz zum Realitätsbezug steht.

Ich las neulich ein kleines Buch, in dem die Autorin folgende Frage stellte: «Kennen sie die längste Distanz der Welt?» Die Antwort darauf war: «Von unserem Kopf zu unserem Herz!» Und genau darum geht es. Die meisten von uns bezeichnen sich als «intellektuell», mich eingeschlossen. Aber sind wir das wirklich? Wir häufen in unserer kopflastigen, westlichen Welt sehr viel Wissen an und setzen das meiste davon gar nicht um. Unsere Gesellschaft ist geprägt von Egoismus, Lieblosigkeit, Selbstsucht und wie es im Titel heißt, vielen anderen Krankheiten. Mein Wunsch ist es, ihnen mit diesen Zeilen Denkanstösse und Anregungen zu geben, ihr eigenes Verhalten und Handeln zu überprüfen und es vielleicht doch einmal zu wagen, aus den allgemein üblichen Denkmustern auszubrechen.

Jestetten, im April 2001

In welcher Welt leben wir eigentlich?

Ein Geschäftsmann befand sich innerhalb Deutschlands auf Reisen, um verschiedene Topkunden seiner Firma zu besuchen. Nachdem er am Abend sein Hotelzimmer bezogen hatte, überlegte er, was er wohl noch anfangen könnte. Er ging hinunter zum Hotelportier und sagte: «Hören Sie mal, guter Mann, ich möchte irgendetwas unternehmen. Was hat denn die Stadt so zu bieten?» Der Portier warf sich in die Brust und sagte: «Wir haben eine Oper.» «Oh», sagte der Geschäftsmann interessiert, «das hört sich gut an.» «Ja», antwortete der Portier, «soll ich versuchen noch eine Karte für Sie zu bekommen? Einfach wird es nicht sein, aber ich probier's.» «Ja», sagte der Geschäftsmann, «wenn Sie das schaffen, wäre das toll.» Der Zuschauerraum war bis auf den letzten Platz gefüllt. Unser Freund musste wohl wirklich die allerletzte Karte bekommen haben. Es war die Atmosphäre, wie wir sie wahrscheinlich alle aus der Oper kennen. Erwartungsvolles, gedämpftes Stimmengewirr in den Reihen und auf den Rängen und das Orchester war dabei die Instrumente einzustimmen. Dann hob sich der Vorhang. Man gab den «Troubadour». Die Inszenierung war ansprechend. Der Dirigent und seine musikalischen Mitarbeiter waren gut. Nur der Tenor, der die Titelpartie sang, fiel aus dem

Rahmen. Er erreichte gerade mit Ach und Krach die untere Mittelklasse. Und dann kam seine große Arie. Er sang und sein Gesicht färbte sich rot vor Anstrengung. Als er den letzten Ton von sich gab, brach der Saal in frenetischen Beifall aus. Das Publikum klatschte und schrie, «da capo, da capo, da capo, bravo.» Der Tenor lies sich nicht zweimal bitten. Er gab dem Kapellmeister ein Zeichen und das Orchester hob zur Wiederholung an. Mit hervorquellenden Augen und Schweiß auf der Stirn absolvierte er den Gesangespart zum zweiten Mal. Kaum hatte er den letzten Ton gesungen, da brach die ganze Zuhörerschaft in tosenden Beifall aus. Die Leute sprangen von Ihren Sitzen auf und gaben ihm «Standing Ovations». Sie schrieen wieder «da capo, da capo, da capo, bravo.» Und dieser Mann hob zum dritten Mal an, diese Arie zu singen. Dabei schwollen ihm die Adern an den Schläfen und am Hals so gewaltig an, dass er nur unter Aufbietung seiner allerletzten Kräfte die Arie zum Schluss brachte. Das Publikum war nun überhaupt nicht mehr zu halten. Die Menschen im Zuschauerraum klatschten nicht mehr, sie rasten. Und alle standen plötzlich auf ihren Sitzen. Unser Geschäftsmann war irgendwie ratlos und schrie seinem Nachbarn, der wie wild applaudierte, ins Ohr: «Ich verstehe das alles nicht. Der Mann war doch schlecht.» Daraufhin drehte sich sein Nachbar zu ihm um und schrie ihm ins Ohr zurück: «Nun, das wissen wir, aber heute Abend machen wir ihn fertig!»

An dieser Begebenheit werden zwei Dinge sichtbar. Zum einen, dass andere Menschen uns nicht immer die Wahrheit über uns selbst sagen und dass sie auch nicht immer unser Bestes wollen. Auch wenn es manchmal so aussieht. Zum anderen zeigt die Begebenheit, wie leicht wir Irrtümern unterworfen sein können und wie leicht wir uns über unsere eigene Person täuschen können. Meistens fehlt uns die nötige Objektivität und wenn dann andere auch noch applaudieren, fühlen wir uns oft genug bestätigt und verlieren all zu leicht das kritische Urteilsvermögen. Doch woher kommt das? Psychologen sagen, es ist ausgelöst durch unsere große, unausgesprochene Sehnsucht nach Bestätigung, nach Angenommensein, nach menschlicher Nähe und Wärme, nach der Gewissheit, ich stehe auf der Rechnung des anderen, ich bin für ihn wirklich und wahrhaftig existent, er akzeptiert mich und er hält etwas von mir.

Gertrud Höhler, eine bekannte deutsche Professorin, die in den letzten Jahren viel von sich reden gemacht hat, hielt 1996 ein Referat über genau dieses Thematik. Sie sagte darin, die Soziologen hätten zwei Trends ausgemacht. Zum einen ist es das immer stärker wachsende Bedürfnis nach Verstehen, nach Zuneigung und nach Angenommensein. John Naisbit, ein amerikanischer Managementtrainer, hat dieses Bedürfnis und das Merkmal unserer heutigen Zivilisation in die Worte gepackt: «High tech – High touch.» Je intensiver die Technisierung in unserer heutigen Zeit ist, je mehr Elektronisierung, je mehr wir alles in maschinelle Prozesse, auf Institutionen, auf Körperschaften, auf Systeme, auf Einrichtungen und Funktionäre verlagern, umso mehr wächst das Bedürfnis nach Zuwendung, Angenommensein und Nächstenliebe. Und jetzt kommt das nächste, große Problem, von dem Gertrud Höhler sprach: Immer weniger Menschen sind dazu bereit, den anderen genau das zu geben, nämlich Annahme, Verständnis und Zuwendung. Sie tun es deshalb nicht, weil sie der Meinung sind, die anderen verhalten sich mir gegenüber ja auch nicht anders. So entsteht eine Spirale, die immer weiter in die Unverbindlichkeit hinein führt. Diese wachsende Unverbindlichkeit, mit der wir es zu tun haben, ist genau das Hauptproblem unserer heutigen Zeit. Und die Folgen? Dort wo die Kommunikation unter Menschen, Auge in Auge, von Mensch zu Mensch, wo der Dialog und die Zuwendung leiden oder abbrechen, da entsteht Vereinsamung, da wächst Resignation und da entsteht die so genannte Verdrossenheit, von der wir heute soviel reden. Wir reden von Politikverdrossenheit, weil sich das Volk der Wähler von seinen Politikern nicht mehr verstanden fühlt. Wir sprechen in Deutschland von einer Steuerverdrossenheit, weil wir nicht mehr begreifen, was überhaupt rechtens ist in der Steuergesetzgebung. Sie ist nicht mehr überschaubar. Ich las neulich in einer großen deutschen Wirtschaftszeitung ein Interview, in dem ein Journalist den Chef eines Finanzamtes nach der Steuergesetzgebung befragte. Seine Antwort lautete so: «Wenn wir alle Ausführungsbestimmungen und Verordnungen zum Steuerrecht lesen wollten, kämen meine Sachbearbeiter überhaupt nicht mehr dazu, die Einkommensteuererklärungen zu bearbeiten. Es ergießt sich über uns eine wahre Flut von Gesetzen und neuen Vorschriften. Alles das sollen wir wissen und sollen es anwenden.» Resümee: Der Bürger resigniert, er ist verdrossen, oder er verweigert die Steuern, indem er nach Möglichkeiten sucht, sich ihnen zu entziehen. In Deutschland wird mittlerweile der Steuerbetrug zum Volkssport. Und wenn sie dann in Zeitungen lesen, dass von den Hochverdienenden kaum noch einer Steuern bezahlt, weil es unendlich viele Möglichkeiten gibt, zu investieren und diese Investitionen auch noch steuerlich «unschädlich» geltend zu machen, dann ist es wirklich kein Wunder, wenn diese Verdrossenheit noch weiter wächst. Es gibt eine Reihe von Gewerkschaftsfunktionären, die von ihren eigenen Mitgliedern nicht mehr verstanden werden, weil diese Funktionäre noch in einer Welt leben, die existierte, als der Dichter und Dramaturg Gerhart Hauptmann «Die Weber» geschrieben hat. Weil sie heute immer noch mit dem Klischee umgehen: Hier der vollgefressene Unternehmer mit dem «Homburg» auf dem Kopf und dort der arme Arbeiter, der nicht weiß, wie er zuhause seine sechzehn Kinder satt kriegen soll. Auf diese Art und Weise leben wir in unserer Gesellschaft immer mehr aneinander vorbei.

Auch Wirtschaftsmanager leiden unter diesem Realitätsverlust. Es gibt so unendlich viele wirtschaftliche Entscheidungen, die voll an den Märkten vorbeigehen. Es ist leider so, dass mit der wachsenden Stockwerkzahl der gläsernen Bürohäuser, ich denke vom achten Stock an aufwärts, der Erdboden, auf dem die Manager eigentlich bleiben sollten, immer mehr verschwindet. Wenn dann ein Vorstand im sechsundzwanzigsten Stock sitzt, ist er nicht nur erhaben über das Straßenniveau, sondern auch erhaben über das Niveau derjenigen, die seine Produkte oder Dienstleistungen kaufen sollen. Deshalb wird in vielen Firmen soviel am Markt vorbei produziert, oder deshalb, wie ich es vor einiger Zeit wieder erlebt habe, werden Gebrauchsanweisungen für Artikel geschrieben, die kein Mensch mehr versteht. Ich habe versucht, einen

Regalschrank zusammen zu bauen. Obwohl ich die Bauanleitung intensiv studiert habe, bin ich nicht schlau daraus geworden und habe hin und her überlegt, welche Bolzen denn wohin sollten. Zum Schluss blieben drei übrig, die gar nicht in der Gebrauchsanweisung erwähnt waren. Das ist Realitätsferne.

In ihrem Referat sagte Gertrud Höhler weiter, dass wir umso mehr zueinander auf Distanz gehen, je enger wir zusammen leben. Das ist ein Phänomen. Es finden immer mehr Festivitäten statt. An jedem Sonntag haben sie in fast allen Dörfern und Städten dieser Republik die Wahl zwischen vielen unterschiedlichen Veranstaltungen. Überall sitzen Leute zusammen und trotzdem ist jeder einsam.

David Riesman, ein amerikanischer Soziologe, hat vor mehr als vierzig Jahren ein Buch geschrieben, in dem er diese Entwicklung schon prognostiziert hat. Sein Buch trägt den Titel: «Die einsame Masse». Genau das ist das Problem von heute. Wir leben zusammen und sind trotzdem innerlich einsam und isoliert. Und das Schönste ist, dass wir immer noch glauben, das wäre Individualismus.

Jahrzehnte lang hat man uns beigebracht, wir müssten uns zu allererst selbst lieben und an uns selbst denken. Das hat jetzt seine Folgen und rächt sich. Wir denken

augenblicklich in allen Ländern über den Wirtschafts-
standort Europa nach und wer ihn wieder auf Vordermann
bringen kann, denn der augenblickliche Zustand kann
nicht so bleiben, wie er im Moment ist. Und wir wissen,
wir müssen in allen Staaten, ohne Ausnahme, abspecken.
Wir haben uns wirklich Wasserköpfe zugelegt, und wir
müssen sparen, weil wir in der Vergangenheit zu groß-
zügig mit Geld umgegangen sind. Verschiedene Zeitgenossen argumentieren jetzt und sagen: «Es war doch
da, das Geld.» Und auf einmal gibt es diese zahllosen
Sparappelle. Da sitzen Ministerpräsidenten beieinander
und überlegen, wo man einsparen kann. Da sitzen
Regierungen zusammen und machen große Sparpläne,
die die Medien in die Öffentlichkeit bringen. Und dann
passiert etwas sehr Symptomatisches: Alle sind sich einig,
dass gespart werden muss. In den anderen Bundes-
ländern, aber nicht im eigenen. Gespart muss werden bei
den Steuerprivilegien, aber nicht bei denen, die ich selbst
in Anspruch nehme. Gespart muss werden im
Sozialsystem, aber nicht bei den Zuwendungen, die ich
selbst bekomme. Gespart muss werden bei meinen
Nachbarn, aber nicht bei mir. Es gibt keine Verzichtbereitschaft mehr. Es gibt auch nicht mehr die
Bereitschaft, wirklich die Ohren anzulegen und geradeaus
in die Zukunft zu marschieren. Keiner ist bereit, den

Gürtel für ein paar Jahre enger zu schnallen, obwohl jedem durchschnittlich intelligenten Mitteleuropäer klar sein müsste, dass Europa ohne ein solches Umdenken seine Zukunft nicht gestalten kann. Und jeder Interessenverband sagt: «Das ist alles richtig, aber nicht mit uns». Sehen sie sich mal die Nachrichten im Fernsehen an oder lesen sie die Zeitung. Wie sehr diese Haltung, nämlich nur an sich selbst zu denken und sich selbst zu verwirklichen zum festen Lernstoff geworden ist, verdeutlicht ein Programm einer regionalen Volkshochschule. Dort wird ein Kurs mit dem Titel angeboten: «Mein Körper gehört mir. Selbstbehauptungsseminar für Frauen und Mädchen ab vierzehn Jahre» . Das ist typisch für die heutige Zeit. Wir denken nur noch an uns selbst und an unser eigenes Wohlergehen. Unsere Gesellschaft oder die Zukunft unserer Gesellschaft ist den meisten von uns dabei ziemlich egal. Bei solch einem Verhalten bleibt das auf der Strecke, was wir mit Nächstenliebe und Solidarität bezeichnen.

Unter dieser nicht vorhandenen Verzichtbereitschaft, der nicht vorhandenen Verbindlichkeit und dem beschädigten Sozialverhalten leidet die moralische Verantwortung. Die Folgen sind gravierend.

Sind wir denn nur noch Egoisten?

Vor einigen Jahren habe ich bei einer großen Handelsfirma Seminare gehalten. Mein Auftrag bestand darin, jungen Mitarbeitern im Innen- und Außendienst Teamarbeit bei zu bringen. Der Geschäftsführer lud mich anschließend zu einem persönlichen Gespräch ein und erzählte mir folgendes: «Wissen sie, ich stelle von Jahr zu Jahr gravierende Veränderungen bei meinen Mitarbeitern fest. Ich habe es fast nur noch mit Einzelkämpfern zu tun, der Trend ist so gravierend und ich kann mir nicht erklären, woher das kommt. Jetzt engagieren wir Leute wie sie, damit sie den Mitarbeitern Teamarbeit näher bringen sollen. Doch kaum sind sie weg, denkt jeder nur noch an seine eigenen Ellbogen, an seine eigene Karriere, hat nur noch sich selbst im Blickfeld und will den anderen zeigen, wer hier das Sagen hat. Teamwork ist bei diesen jungen Leuten kaum noch möglich und wenn überhaupt, dann ist es ein mühsamer Prozess.»

Über diese Problematik sprach ich einige Monate später mit einem sehr bekannten Personalberater, den ich auf einer Tagung in Frankfurt am Main traf. Die Antwort, die ich bekam, lautete: «Wissen sie, es fängt ja schon in der Schule an, dass jeder zum Einzelkämpfer und zum Egoisten erzogen wird. Er muss Leistung bringen und er muss sehen, wie er mit dem Lernstoff fertig wird. Wir sind heute soweit, dass Schüler noch nicht mal mehr voneinander abschreiben lassen, weil der eigene Ehrgeiz dagegen steht.» Sie sehen, welche Entwicklung sogar schon die Kinder nehmen. Und wer hat das zu verantworten? Vor einiger Zeit wurde von einem Institut eine Befragung von Managern durchgeführt mit dem Ziel, heraus zu finden, wo denn die prioritären Eigenschaften der Einzelnen anzusiedeln sind. Da nahmen Ehrlichkeit und persönliche Moral nur noch Plätze im Mittelfeld der Prioritätenskala ein. Ganz oben aber stand, dass ein Manager «Persönlichkeit» sein muss.

Ich stelle hier die Frage an Sie: «Wie soll eine Persönlichkeit ohne die Tugenden Ehrlichkeit und Moral denn aussehen? Geht das überhaupt?»

Am früheren Regierungssitz in Bonn erzählte man sich folgende Geschichte: Ein Politiker hatte sich bei schwierigen Verhandlungen mit einer Wirtschaftsvereinigung außerordentliche Meriten erworben. Dort überlegte man nun im Dachverband, wie man sich dem Mann gegenüber erkenntlich zeigen könnte, denn ein guter Dienst sollte ja auch schließlich seine Belohnung finden. Man hatte auch eine Idee. Aber der Gute verweigerte die Annahme eines Nobelautos einer bestimmten Firma aus dem schwäbischen Raum. Unser Politiker sagte empört: «Was halten sie eigentlich von mir. Glauben sie ich sei bestechlich?» Die Funktionäre des Wirtschaftsverbandes zuckten zurück, suchten nach einer anderen Möglichkeit und schlugen unserem Guten dann folgendes vor: «Wenn sie's nicht geschenkt haben wollen, dann verkaufen wir ihnen dieses Auto eben. Es ist ja schließlich von der Fabrik zum Händler gefahren worden und von da aus auf diesen Hof. Es ist nun ein Gebrauchtwagen und wir halten deshalb einen Preis von fünfhundert Mark durchaus für angemessen.» Unser Politiker überlegte kurz und sagte: «Nun, bezahlt ist bezahlt. Über die Höhe brauchen wir ja nicht zu diskutieren. Aber es ist wenigstens keine Bestechung mehr.» Er griff in seine Brieftasche, hatte aber nur einen Tausendmarkschein dabei. Allgemeine Ratlosigkeit, denn keiner konnte wechseln. Dann sagte unser Politiker: «Ach, ich finde es ist gar nicht so dramatisch. Passen Sie mal auf. Dann geben sie mir eben für die restlichen fünfhundert Mark ein zweites Auto. Meine Frau braucht auch eins.»

An dieser gut erfundenen Geschichte – ich hoffe, sie ist erfunden – obwohl sie wirklich Realität sein könnte - wird deutlich, wie dringend wir eine neue Moral brauchen. Eine Rückkehr zu einem verbindlich gültigen Wertesystem.

Denn die Historiker, Philosophen und Soziologen sind sich wenigstens in diesem Punkt hundertprozentig einig: Der Zerbruch einer Gesellschaft fängt immer mit dem Zerbruch der Moral an. Hier ist der Ansatzpunkt. Der englische Historiker Arnold Toynbee hat in seinem Buch «Menschheit und Mutter Erde» untersucht, woran denn die großen kulturellen, wirtschaftlichen und politischen Systeme zerbrochen sind, diese Systeme, die es einmal auf unserem Globus gegeben hat. Angefangen von den Sumerern und den Babyloniern, über Persien, Syrien, Ägypten und Rom, alles waren einmal große Weltreiche. Er ist dabei auf eine Gesetzmäßigkeit gestoßen. Der Zerfall aller dieser Systeme und Kulturen hat angefangen mit dem sozialen und moralischen Zerbrechen von Werten, mit der Verwahrlosung von Verbindlichkeit, Treue und Ehrlichkeit und der Demontage der allerwichtigsten Gemeinschaft, nämlich der Familie. Und Familie ist deshalb so wichtig, weil nur und ausschließlich über sie moralische und religiöse Werte weiter gegeben werden können. Ich habe mich gefragt, ob ich in dieser Publikation den Begriff Selbstzucht verwenden soll bzw. darf. Dabei habe ich eine sehr interessante, aber auch bedenkliche Feststellung gemacht. Bei meiner Arbeit benutze ich ein sehr modernes Wörterbuch, das vor einiger Zeit von der Stiftung Warentest als «sehr gut» bewertet wurde. Hier habe ich lange gesucht, aber dieses Wort einfach nicht gefunden. So fremd, so ungebräuchlich ist dieser Begriff inzwischen geworden, dass er in einem Wörterbuch von eintausendfünfhundert Seiten nicht mehr zu finden ist. Benutzen Sie mal heute in einer Diskussion das Wort Zucht. Ihre Gesprächspartner spießen sie auf. Das ist keine Theorie.

Ich habe neulich bei einer Talkshow im Fernsehen gesehen, wie eine Frau förmlich über ihren Gesprächspartner herfiel und ihm Fundamentalismus vorwarf. Im weiteren Verlauf der Talkshow attestierte sie ihm vor allen anderen Teilnehmern Verrücktheit nur, weil er in seinen Ausführungen das Wort Zucht benutzte. Und diese Frau war eine Theologin. Sie versuchte ihrem Gesprächspartner klar zu machen, dass Gott uns alle als absolut freie Wesen geschaffen hat und dass wir keiner Zucht bedürften. Mit großen Gesten versuchte sie ihrem Publikum klar zu machen, dass wir alle nur unserem Gewissen verantwortlich sind und dass wir, ohne eine einzige Ausnahme, für all unser Tun mit Gottes verzeihender Liebe rechnen dürfen.

Ich sehe das anders und werde jetzt einmal persönlich. Dort wo unsere Begehrlichkeiten, dort wo ihre und meine Begehrlichkeiten, ich möchte schon fast sagen unsere Gier, unser Machtstreben und unser Egoismus keine

Grenzen findet, wo wir ihm keine Grenzen mehr setzen, da ufert alles aus. Sünde, und ich gebrauche ebenso dieses aus der Mode gekommene Wort, frisst im Leben eines Menschen um sich wie Krebs. Unbereute und unvergebene Sünde ist wie Krebs. Sie bildet Metastasen und macht unseren Geist und unsere Seele krank. Sie macht die Öffentlichkeit krank. Sie macht die Politik krank. Sie macht die Wirtschaft krank. Im Prinzip wissen wir das alle und haben eigentlich schon lange begriffen, dass wir endlich eine Umkehr brauchen.

Brauchen wir eine neue Ethik?

Vor rund 25 Jahren hat der Psychoanalytiker und Schriftsteller Erich Fromm neben seinem bekannten Werk «Die Kunst des Liebens» ein sehr scharfsinniges, unglaublich gutes und immer noch aktuelles Buch geschrieben mit dem Titel: «Haben oder Sein». Er hat sich mit den geistigen und moralischen Entwicklungen in unserer Welt befasst und prognostiziert wie es weitergehen wird. Sein Resümee aus dieser gründlichen Analyse ist folgendes, ich zitiere ihn wörtlich:

«Zum ersten Mal in der Geschichte der Menschheit hängt ihr Überleben von der radikalen Veränderung der Herzen ab.» Er hatte damals schon begriffen, dass Veränderungen in dieser Welt kein materielles Problem sondern ein Problem unserer Moral sind. Veränderungen in dieser Welt sind kein intellektuelles Problem sondern eine Frage unseres Herzens, unseres Innenlebens. Irgendwo haben wir es vielleicht begriffen, aber keiner schert sich darum bzw. fragt und sucht ehrlich nach Lösungen, um dem jetzigen Zustand ein Ende zu bereiten. Seit zehn Jahren gibt es in ganz Europa und in allen Wirtschaftsländern unserer Erde eine scheinbar ernsthafte und lebendige Diskussion über die Frage, ob wir für diese Gesellschaft oder Menschheit nicht eine neue Ethik brauchen. Über das «Ja» der Einführung dieser neuen Ethik waren sich die Fachleute schnell einig. Es dauerte weitere zwei bis drei Jahre, dann hieß es, man habe Konsens. Aber wie diese Ethik beschaffen sein muss, wie ihre Verbindlichkeit zu formulieren und durch zu setzen ist, da hatte man keinen Konsens, da hatte man keine Einigung, da war man völlig ratlos. Diese Herren haben bis heute keine Lösung dafür gefunden. Ich habe immer mehr den Eindruck, dass es für die meisten von uns in unserer heutigen Gesellschaft eigentlich schon ausreicht, wenn über irgendetwas diskutiert wird. Ob es dann zu Lösungen kommt, ist sekundär, weil wir der Ansicht sind, darüber zu reden ist schon so gut, als hätten wir das Nötige getan. Das ist der große Irrtum in unserer heutigen Zeit. Wir redeten Mitte der neunziger Jahre über die Wirtschaftskrise, die in Wirklichkeit eine Strukturkrise war und noch immer ist. Die damalige Bundesregierung hatte auch ein Fünfzig-Punkte-Programm erstellt, um dieser Krise zu begegnen. Doch 50 Punkte sind schlecht, weil niemand sie im Kopf behalten kann. Das konnte man auch dann ganz praktisch beobachten. Nachdem es der Wirtschaft wieder etwas besser ging, hat dieser Fünfzig-Punkte-Plan niemanden mehr interessiert. Nebenbei möchte ich bemerken, dass der kleine Aufschwung, der dann stattfand, weltwirtschaftliche Ursachen hatte.

Trotzdem versuchen unsere Politiker permanent uns glauben zu machen, dass dies ihr eigener, großer Verdienst war und ist.

Warum hat Gott alles, was wir für unser Leben brauchen, in 10 Gebote gefasst? Weil Sie und ich zehn im Kopf behalten können. Nebenfrage: «Haben sie alle noch drin?» Ich greife hier nur mal eins heraus. «Du sollst nicht falsches Zeugnis reden, gegen deinen Nächsten.» Ist doch einfach, oder? Hand aufs Herz! Und dann hat Christus im neuen Testament alles zu einem einzigen Gebot zusammengefasst und gesagt: «Ihr sollt einander lieben, wie auch Christus euch geliebt und sich selbst für euch hingegeben hat.» Können sie sich eine Welt vorstellen, in der jeder Mensch dieses eine Gebot beherzigt?

Fünfzig Punkte sind nicht mehr beherrschbar. Aber wir reden darüber und was machen wir als Unternehmer, wenn es Probleme gibt, die gelöst werden sollen, die uns unbequem sind und die wir erst einmal vom Tisch haben wollen? Wir setzen eine Kommission ein. Das ist der sicherste Weg, dass die Angelegenheit in den nächsten 2 Jahren nicht wieder auf dem Schreibtisch landet. Wenn sie eine Kommission einsetzen, dann wird diese diskutieren und diskutieren. Sie wird sich Material beschaffen, zu Tagungen fahren, man wird Symposien besuchen, man wird große Abhandlungen studieren, man wird vielleicht sogar darüber schreiben. Aber sie hören sehr bald – und garantiert - vom eigentlichen Problem nichts mehr. Das ist genau die Art und Weise, wie heutzutage gehandelt wird. Dabei wird vergessen, dass aus ungelösten Problemen Konflikte werden und aus ungelösten Konflikten Katastrophen.

Wir müssen endlich wieder etwas tun. Wir dürfen nicht mehr nur diskutieren. Wir dürfen nicht mehr nur gute Pläne formulieren und gute Vorsätze fassen. Das betrifft sowohl unsere Firmen, unsere Wirtschaft wie auch die Politik und besonders unser eigenes, persönliches Leben. Auch da sind wir voll mit Plänen. Wir müssen endlich wieder handeln. Wir müssen entscheidungsfähig und willig werden, wir müssen die Kraft haben zur Konsequenz.

Am Morgen nach den letzten Bundestagswahlen hat ein Politiker der jetzigen Opposition, unter großem Applaus seiner Parteifreunde, vor den laufenden Fernsehkameras gesagt: «Ich werde mit großer Festigkeit abwarten, wie die Situation sich weiter entwickelt.» Wenn Sigmund Freud noch leben würde, er hätte an diesem Satz seine helle Freude gehabt. Das zeigt äußerste Entschlossenheit bzw. das, was man heutzutage dafür hält. Auf die Fragen der damals eingesetzten Kommission zur Neudefinition der Ethik, was die Herausforderung ist, was getan und gemacht werden soll, um neue, gültige Maßstäbe zu finden, Denken und Verhalten zu ändern, hat es bis heute keine Antworten gegeben. Ich behaupte: Wir brauchen keine neue Ethik. Wir brauchen keine moraltheologischen Expertisen. Wir brauchen keine neue Philosophie. Wir brauchen nur eins: Wir brauchen die Rückkehr zu diesen 10 Geboten, die in dem einen einzigen, vorher erwähnten, zusammen gefasst sind und nichts anderes. Wir brauchen sie, wenn wir die Zukunft bestehen wollen. Eine Zukunft, die gravierende wirtschaftliche, sozialethische, moralische und religiöse Fragen stellt, muss bewältigt werden, und zwar nicht mit materiellen Lösungen. Eine Zukunft, in der wir immer mehr konfrontiert werden mit der wachsenden Unmöglichkeit, überhaupt noch die materiellen Herausforderungen zu bewältigen. Die Zerstörung der Umwelt lässt sich nicht finanziell lösen. Der Abbau von Ressourcen lässt sich nicht finanziell bewältigen. Die Folge von Kriegen, die Armut, die zunehmenden Krankheiten und Seuchen, die Vertreibung von immer mehr Menschen aus ihrer Heimat durch Rassenhass, alles das ist finanziell nicht mehr zu bewältigen, zumal die dafür bereitgestellten Geldmittel fast immer wirkungslos versickern. Die Zeitschrift «Wirtschaftswoche» hat vor einiger Zeit über den neuen Weltbankbericht geschrieben. Und sie kommentiert ihn so: «Nach über 30 Jahren Entwicklungshilfe in Schwarzafrika und über 130 Milliarden USD allein seit 1984, bleibt der Weltgemeinschaft nicht viel mehr, als ihre Politik für gescheitert zu erklären. Noch immer er-schüttern den Kontinent zahllose Bürgerkriege, peinigen Despoten ihre Bürger, macht ein schwer zu kontrollierendes Bevölkerungswachstum jeden kleinen ökonomischen Fortschritt zunichte doch verschärfend kommt hinzu, dass die westlichen Gelder die Entwicklung eher gehemmt haben als förderten.» Die Hilfezahlungen haben es vielen Ländern erlaubt, an ihrer zum Teil haarsträubenden Wirtschaftspolitik festzuhalten und nichts daran zu ändern. Beispiel Sambia: In seinen neunundzwanzig Herrschaftsjahren hat Präsident Kaunda es geschafft, eines der fruchtbarsten Länder Afrikas zum Empfänger von Welthungerhilfe herunter zu wirtschaften. Sambias einst profitable Kupferindustrie wurde verstaatlicht und degenerierte innerhalb kürzester Zeit zum ineffizienten Monopolbetrieb. Merken wir an diesem Satz, warum Erich Fromm geschrieben hat und ich wiederhole das noch einmal: « Zum ersten Mal in der Geschichte der Menschheit hängt ihr Überleben von einer radikalen Veränderung der Herzen ab.» Wir kriegen die Zukunft dieses Globus finanziell nicht in den Griff.

Der Geschäftsführer eines christlichen Missionswerkes hat vor einiger Zeit in einem Rundbrief folgendes formuliert: «Mit jedem Jahr wird mir klarer, dass alle materiellen Hilfen ohne eine geistliche Erneuerung der Menschen vertane Zeit und vertanes Geld sind. Natürlich hilft man wo Not ist. Aber wenn dann nicht sofort die Predigt vom Kreuz kommt, von Schuld und Vergebung, dann wird weiter gestohlen, weiter gelogen, weiter betrogen, weiter gefaulenzt mit allen daraus folgenden Konsequenzen. Nur mit Geld zu helfen ist ein Fass ohne Boden. Es kann niemals darum gehen, soziale Hilfe einzuschränken, weniger praktisch zu helfen oder unsere diakonische Arbeit aufzugeben. Nein, nur viel wirkungsvoller muss sie getan werden. Erst wenn Jesus Christus, der Herr unseres Lebens geworden ist, kann er auch unsere Wesensart verändern und erneuern. Erst wenn wir Hörer des Wortes Gottes geworden sind, können wir auch Täter werden. Anders herum funktioniert das nicht.» Das ist die Antwort auf unsere Probleme in der heutigen Zeit. Das ist die Antwort auf unsere Probleme in unserem Berufsleben. Das ist die Antwort auf die Schwierigkeiten in unseren Familien. Ich vertiefe das noch einmal. Die Spenden von Christen sind sicher auch eine Art Entwicklungshilfe. Aber viel wichtiger ist die «Entwicklungshilfe» für den inneren Menschen. Christen sollten mit ihre Spenden wirklich nur an Werke geben, die das Evangelium leben, fördern und verkündigen. Denn dort, wo jemand zu Christus umkehrt, entsteht neues Leben in neuer Verantwortlichkeit gegenüber Familie, Gesellschaft, Umwelt und Moral. Es ist die zwangsläufige Folge davon. Warum? Weil nur Gott Menschen verändert. Aber dazu müssen sie Gott begegnen. Das Evangelium verändert sicher das Zahlungsmittel Geld nicht. Geld verändert aber den Menschen. Sie werden jetzt vielleicht verständnislos den Kopf schütteln. Aber schauen sie sich doch mal um. Was ist denn mitverantwortlich für die Eigenschaften Selbstsucht, Habgier und dergleichen?

Sind wir wirklich selbstkritisch?

Womit haben wir es in unseren jetzigen Tagen und in der Zukunft zu tun? Ich erwähne nur einmal ein paar Punkte, die uns am meisten direkt betreffen. Es gibt sicher noch viel mehr. Aber alle aufzuzählen wäre Programm für ein ganzes Seminar. Überprüfen sie jetzt einmal, wie weit und wie tief dass alles schon in uns selbst und in unserem Denken Wurzeln geschlagen hat.

Wir leben in einer ständig komplexer werdenden Welt, die nicht mehr überschaubar ist. Die Ratlosigkeit hat zwischenzeitlich eine Dimension angenommen, bei der uns eigentlich Angstschauer über den Rücken laufen müssten. Warum ist das so? Weil wir es immer mehr und immer mehr mit Problemen und Konflikten zu tun haben, für die es keine Erfahrung und für die es keine Handlungsvorlagen gibt. Fast alle unsere heutigen Konflikte sind neu. Unsere Väter, Großväter und Urgroßväter hatten diese nicht. Und das macht einen Teil unserer Ratlosigkeit aus. Wir leben in einer immer schneller lebenden Welt. In einer sich immer hektischer entwickelnden Welt. Der Lebenszyklus von Produkten wird immer kürzer. Wenn sie heute in ein Geschäft gehen und sich einen funkelnagelneuen Computer kaufen, haben sie ein halbes Jahr später einen Oldtimer zu Hause stehen.

So schnell geht das. Ein halbes Jahr lässt technologisch etwas völlig veralten. In einem halben Jahr schaut sie einer an und sagt: Was, sie haben nur ein Quattro-Speed CD-Rom-Laufwerk? Und sie haben nur vier Gigabyte Speicherkapazität auf der Festplatte? Und schon schrumpfen sie. Auf einmal kommen sie sich ganz klein vor.

Das amerikanische Wirtschaftsmagazin «Fortune» veröffentlicht jedes Jahr eine Liste der fünfhundert größten Firmen in Amerika. Wenn sie die Aufstellung von 1980 nehmen, dann gibt es von den damals fünfhundert führenden Firmen bereits die Hälfte nicht mehr. Sie sind vom Markt verschwunden. Acht Jahre Unterschied erzeugen eine neue Generationengesinnung. 20 Jahre Unterschied erzeugen fast eine neue Wirtschaftsgeneration. Das verlangt von uns ein neues Denken, andere Einstellungen und sicherlich auch andere Systeme. Vor zweihundert Jahren verließ ein Mensch, wenn er starb, eine Gesellschaft und eine Erde, in der sich während seines Lebens nur sehr wenig verändert hatte. Es war alles überschaubarer. In dieser Zeit hatte man es noch mit bekannten Größen und bekannten Ereignissen zu tun. Heute liegen die Halbwertzeiten unseres Wissens bei ca. acht bis zehn Jahren. Das heißt: Junge Leute, die in ihre Berufe hineingehen, aber auch wir alle, wir müssen permanent dazu lernen, wenn wir den Anschluss nicht verlieren wollen. Ein bekannter Manager erzählte, dass er bei einer Veranstaltung einen früheren Kollegen getroffen habe, der ihm mit großem Stolz erzählte, dass er vor dreißig Jahren der beste Karteiführer gewesen sei, den sein Unternehmen jemals hatte. Und dann berichtete er ihm ausführlich, was er täglich geschafft hat. Daraufhin übermittelte der Manager ihm seine Komplimente und dachte innerlich: Was dieser Mann damals in einem ganzen Monat gemacht hat, erledigt heute ein Computer in dreißig Sekunden. Erfahrungen zählen heute nichts mehr. Wir sind mitten in einem riesigen Werteumbruch. Und darunter leiden wir. Und da einzelne Werte ihre Gültigkeit verlieren, haben wir sie kurzerhand alle über Bord geworfen, auch die Kardinaltugenden wie Treue, Pflichterfüllung, Beständigkeit, Beharrlichkeit und Zuverlässigkeit. Die alten, bisher bewährten Verhaltensmuster besitzen, wirtschaftlich gesehen, für die Zukunft keine Gültigkeit mehr. Gültigkeit hat leider nur noch das, was sich auf der Gewinnseite niederschlägt, aber nicht mehr das, was ein Karteiführer vor dreißig Jahren getan hat, oder was eine Firma vor zehn oder zwanzig Jahren gemacht hat.

Wissen sie, warum Ägypten den ersten Krieg gegen Israel verloren hat? Weil Ägypten russische Militärberater hatte. Und diese Militärberater haben den Ägyptern folgendes gesagt: «Passt mal auf Jungs. Ihr müsst es machen wie wir damals vor Stalingrad. Ihr lasst euch erst vom Feind komplett überrollen und dann wartet ihr seelenruhig ab, bis der Winter kommt.» Das hat sicher vor Stalingrad funktioniert. In Ägypten dürfte es schwerlich funktionieren. Merken sie, dass Erkenntnisse und Erfahrungen nicht auf alles übertragbar sind? Aber wir lassen uns von anderen erzählen: «Wissen sie, die Bibel, dass ist so ein altes, verstaubtes, historisches Buch. Mit dem richtigen Leben hat die Bibel überhaupt nichts zu tun.» Warum nehmen wir eigentlich die Meinung der anderen einfach an und überprüfen sie nicht? Vielleicht hätten die Ägypter besser die Meinung der russischen Militärberater überprüfen sollen.

Der Faktor Zeit wird immer mehr an Wichtigkeit zunehmen. In Wirtschaftskreisen gibt es heute ein Sprichwort, welches man sich wirklich an die Wand hängen und hinter die Ohren schreiben sollte: «Nur die Schnellen werden überleben, nicht die Grossen.» In vielen Unternehmen haben wir heute das Saurierproblem. Die Saurier sind kaputt gegangen, weil sie zu groß geworden sind. Sie mussten vierundzwanzig Stunden am Tag immer nur fressen, damit sie ihr Körpergewicht und ihre Vitalität erhielten. Es gibt heute riesige Konzerne, die dringend darauf angewiesen sind, permanent Umsatzsteigerungen zu haben und dabei sind sie so unbeweglich geworden, weil jede kleine Entscheidung z.B. Investitionen von fünfhundert USD aufwärts, von der Zentrale in USA, Holland oder sonst wo abgesegnet werden muss. Ein Bekannter, der in einem solchen Unternehmen gearbeitet hat, erzählte: «Da mussten wir jedes Mal in New York anrufen, wenn wir irgendeine lächerliche Entscheidung brauchten.»

Die «Gigantie» ist leider noch nicht zu Ende. Trotzdem werden heute in verschiedenen Unternehmen kleinere Funktionseinheiten gebildet. Militärisch ausgedrückt heißt das, es wird «divisionalisiert». Das liegt daran, weil doch wohl einige schon begriffen haben, dass drei leichte Kreuzer und zwei Zerstörer und fünf Schnellboote genau so viel kosten, wie ein großes Schlachtschiff, nur sind sie viel wirkungsvoller. Sie sind weniger angreifbar. Und genau hier liegen unsere Chancen. Wir müssen mobiler werden. Wir müssen flexibler werden. Wir müssen uns endlich wieder in den Märkten tummeln und nicht warten, bis die Kunden kommen. Wir müssen zu den Kunden hingehen. Das ist die eigentliche Marktnähe, von der soviel gesprochen wird. Was nützen uns die besten Ideen, wenn wir weder Zeit noch Entscheidungskraft haben, sie zu realisieren. Es gibt so unendlich viele kreative Ideen in Unternehmen, die alle «runtergebügelt» werden, weil Vorgesetzte sich mit den Verbesserungsvorschlägen ihrer Mitarbeiter kritisiert fühlen. In der Praxis sieht das dann folgendermaßen aus: Der Vorgesetzte ist der Meinung, dass wenn er einen Verbesserungsvorschlag nach «oben» weitergibt, er sich selbst ein Armutszeugnis ausstellt. Es kann ja schließlich sein, dass ihn dann einer über den Brillenrand anschaut und sagt: «Warum praktizieren wir das nicht schon längst?» Eine unter Umständen natürlich tödliche Frage für jemanden, der eine solche Botschaft übermittelt. Also werden innovative Vorschläge lieber abgewürgt.

Jeder muss seine Mitarbeiter, und das geht besonders die Unternehmer und Manager unter uns an und besonders die, die junge Leute zu erziehen haben, jeder muss die jenigen, die ihm anvertraut sind endlich wieder ermutigen, kreativ zu denken und muss ihnen das Recht einräumen, quer zu denken. Es ist das Privileg der Jugend, alles in Frage zu stellen, was die Älteren tun. Und dieses Privileg müssen wir ihnen lassen, denn es ist ein heilsames Privileg. Es macht uns nachdenklich und hoffentlich selbstkritisch. Ich bin meinen ältesten Söhnen sehr dankbar. Die stellen mich ab und zu immer wieder in Frage und sagen: «Du, Dad, ist das eigentlich gut, was du da tust?» Oder: «Ist das richtig, wie du das denkst?» Wir brauchen wieder mehr Zeit zum Denken und zum Nachdenken.

Ein mir bekannter Manager hatte vor einigen Jahren in einem Konzern eine Tochterfirma zu sanieren. Der dort amtierende Geschäftsführer hatte diese Firma hoffnungslos in die roten Zahlen abgewirtschaftet. Im Grunde genommen, wenn die Konzernmutter nicht dahinter gestanden hätte, wäre das Unternehmen konkursreif gewesen. Die Konzernleitung hatte unseren Mann beauftragt, diesen Geschäftsführer zu entlassen, die Firma zu sanieren und dann im ordnungsgemäßen Zustand einem Nachfolger zu übergeben. Es fand ein sehr deutliches Gespräch zwischen ihm und dem Noch-Geschäftsführer statt, der sich anschließend mit folgenden Worten von unserem Manager verabschiedete: «Ich wünsche ihnen viel Kraft, Glück und Ausdauer für die neue Aufgabe, die sie jetzt vor sich haben und wenn sie wollen, gebe ich ihnen noch einige Tipps, was in diesem Unternehmen anders gemacht werden müsste. Ich habe mein ganzes Notizbuch voll mit Ideen.» Unser Manager glaubte, nicht richtig gehört zu haben und rief: «Sind sie wahnsinnig? Wenn diese Ideen nicht in ihrem Notizbuch allein stünden sondern realisiert worden wären, dann säßen sie jetzt noch hier auf diesem Stuhl. Ebenfalls auch noch in vier Wochen und in zwei Jahren, bis zu ihrer Pensionierung.»

Da gibt es Menschen, die haben ihre Hinterköpfe, Notizbücher oder Computerdateien voll mit Ideen. Und vor lauter Arbeit und vor lauter Bequemlichkeit und vor lauter Trägheit kommen sie nicht dazu, diese zu realisieren.

Ebenfalls gibt es unter uns Leute, die haben durchaus gute Vorsätze, sich mit Gott und Jesus Christus zu befassen, aber vor lauter Trägheit und vor lauter Zeitnot und vor lauter Bequemlichkeit kommen sie nie dazu es endlich zu tun. Wissen sie, dass dies die eine zentrale Lebensfrage für jeden von uns überhaupt ist?

Katastrophale Entwicklungen

Der russische Schriftstellter Alexander Solschenizyn hat vor ca. fünfzehn Jahren vor der Vollversammlung der Vereinten Nationen eine Rede gehalten. Es war damals noch die Zeit, als der Marxismus real existierte. Aber unabhängig davon ist diese Rede eine Grundsatzrede gewesen. Er sagte darin: « Es gibt eine Katastrophe, die schon in erheblichem Umfang eingesetzt hat, nämlich die Katastrophe des religionslosen Bewusstseins.» Autonom im Sinne des Humanismus. Dieses Bewusstsein hat den Menschen zum Maß aller Dinge auf der Erde bestimmt, den unvollkommenen Menschen, der niemals frei sein kann von Eigenliebe, von Habsucht, von Eitelkeit und Dutzenden anderer Laster und negativen Eigenschaften. Und siehe da, diese Mängel nehmen jetzt Rache. Das ist Zustandsbeschreibung. Und das ist gleichzeitig Appell an uns und an unsere Verbindlichkeit. Die amerikanische Werbeagentur BBDO hat insgesamt dreitausend junge Leute nach ihrer Lebenseinstellung befragt. Die meisten von ihnen sehnen sich endlich nach Perspektiven, nach Leitbildern, nach einer Werteordnung, die klar, deutlich und nachlebbar ist. Und viele von ihnen haben gesagt: «Wir haben die Nase voll von dieser verwaschenen und unverbindlichen Liberalität, die in ihrer Sinnlosigkeit

Menschen völlig leer lässt und ohne Ziele ist. Es kann doch nicht der letzte Inhalt eines Lebens sein, materiell und sexuell nur seine Befriedigung anzustreben. Da muss doch mehr sein, was Leben ausmacht.» Diese Aussagen verlangen Antworten von uns. Aber klare Antworten von denen unter uns, die sich für Christen halten und die sich als Christen begreifen. Können wir eigentlich zusehen, wie Menschen um uns herum ratlos sind und ratlos bleiben?

Bedingt durch meine Seminartätigkeit bekomme ich sporadisch alle möglichen Magazine und Seminarkalender, die dokumentieren, wo und in welchen Bereichen Seminare in Deutschland und Europa stattfinden. Außerdem findet man in verschiedenen dieser Magazine ganz schlaue Beiträge, wohin und zu welchen Themen die so genannte «Weiterbildungsszene» am meisten tendiert. Ich beobachte da eine ganz bedrohliche Entwicklung. In viele dieser heute angebotenen Weiterbildungsmaßnahmen hat der Okkultismus massiv Einzug gehalten. Dabei handelt es sich nicht um innovative Seminaranbieter die plötzlich meinen, eine neue Weiterbildungsrichtung vorgeben zu müssen. Nein. Das Hauptproblem, welches diesen Trend verursacht, ist ein ganz anderes. Unterstellen wir einmal, dass die Gesetze der freien Marktwirtschaft auch hier gelten nämlich, dass die Nachfrage die Art des Angebots bestimmt. Folglich gründet sich dieser Trend auf die Nachfrage von Unternehmen, Managern, Institutionen und dergleichen, die sich aus solchen Seminaren Hilfe für die Lösung ihrer Probleme versprechen. Je ratloser die Leute in Bezug darauf werden, wie sie ihre Zukunft bewältigen und sich ihren Gegenwartsproblemen stellen sollen, um so mehr suchen sie bei skurrilen Leuten Rat und Hilfe. Es gibt heute Firmen, die haben ihren eigenen Hausastrologen auf der «Payroll» stehen, der jeden Tag das Firmenhoroskop stellt. In Managementsitzungen ist dieser Mensch dann eine der wichtigsten Personen, der bei jeder zu fällenden Entscheidung erst einmal seine Meinung dazu gibt und die Sterne befragt. So unglaublich sich das auch anhört, wirklich neu ist diese Verhaltensweise nicht. Seit es die Menschheit gibt, suchten schon Könige, wenn sie mit ihrem Latein am Ende waren, Wahrsager auf, um sich dort Rat und Hilfe zu holen. Und so etwas steht nicht nur in alten, historischen Dokumenten und Überlieferungen. Solche Verhaltensweisen sind sogar in der Bibel dokumentiert. Da gab es z.B. einen König namens Saul. Der hatte sich von Gott abgewandt und ist dann, nachdem er nicht mehr weiter wusste, schnell zu einer Wahrsagerin gelaufen. Sie sehen, das ist alles nichts Neues.

In Norddeutschland gibt es einen so genannten «New-Age-Guru». Zu diesem kommen jährlich mehrer hundert Manager aus den unterschiedlichsten Unternehmen und legen sich unter eine Glaspyramide. Dieser Mann erzählt seinen «Patienten» dann, dass die Pyramide die kosmischen Strahlen auf Kopf und Herz des Darunterliegenden konzentriert. Dadurch bekäme dieser einen neuen Geist, neue Kraft, neue Dynamik und neue Zuversicht. Der Gipfel dabei ist: Die tollen Manager bezahlen diesem Typen für ein Wochenende auch noch ein Honorar von sechstausendfünfhundert Deutsche Mark!! Frage: «Wie war das noch schnell mit der freien Marktwirtschaft?» Auch hier regelt die Nachfrage den Preis!

Was glauben wir eigentlich alles? Napoleon hat bereits schon gesagt: «Es ist unwahrscheinlich, was Menschen alles glauben, solange es nicht in der Bibel steht.» Je nüchterner und je technischer ein Leben wird, je weniger gelebter Glaube eine Rolle spielt, umso mehr breiten sich Pseudoreligionen, Kulte und Aberglaube aus. Der Mensch kann ohne geistliche Rückbindung nicht leben und wo kein Glaube ist, siedelt sich der Aberglaube an.

Ich komme noch einmal zurück auf unsere Verantwortung, die wir bereit sein müssen zu übernehmen. Öffentliche Verantwortung hat damit zu tun, dass wir weder unsere Entscheidung noch die Bereitschaft zur Verantwortung auf andere delegieren oder abschieben.

Vor einigen Jahren hatte ich selbst Mitarbeiter und bin oft sehr ärgerlich geworden, wenn diese Mitarbeiter kamen und fragten: «Was meinen Sie, was soll ich da oder dort tun?» Es war ihr Job. Aber kaum war ihnen bewusst, dass sie möglicherweise für die Konsequenz ihres Handelns zur Verantwortung gezogen werden könnten, fingen sie an, die eigene Verantwortung abzuschieben. Es könnte ja sein, dass etwas nicht funktioniert. Dann hat man gleich den Schuldigen, der gesagt hat, dass..... Kennen sie diese Verhaltensweise?

Auf einer meiner USA-Reisen im Jahre 1998 habe ich in San Fransisco bei einer großen Steuerberatungskanzlei folgendes erlebt: Morgens um zehn Uhr war vom Chief Executive Officer, einem knallharten Amerikaner, eine Sitzung anberaumt worden, an der alle Officemanager aus den umliegenden Bundesstaaten anwesend sein mussten. Im Laufe der Diskussion traten einige Probleme auf und einer dieser Männer fragte seinen Boss: «Mr. Winston. Was soll ich hier tun?» Und dann hat dieser, knallrot im Gesicht, ihn angefaucht und hat ihm gesagt: «Boy, wenn ich noch ein einziges Mal eine solche Frage von ihnen höre, schmeiße ich sie raus. Das, was sie mich gefragt haben, ist ihre Verantwortung. Und wenn sie nicht in der

Lage oder bereit sind, die Entscheidung dafür auch selber zu treffen, dann sind sie fehl in ihrem Job. Ist das klar?» Das war eine Lehre für alle Anwesenden. Auch ich kam über diese Aussage gewaltig ins Grübeln und Nachdenken.

Wir delegieren so gerne nach oben denn für alles gibt es Institutionen. Für Religion sind der Pfarrer und die Kirche zuständig. Für Nächstenliebe ist die Caritas verantwortlich. Für humanitäre Einsätze gibt es das Rote Kreuz. Es ist das Drama unserer Welt, dass wir alles institutionalisiert haben. Und auf diese Art und Weise stehlen wir uns immer mehr aus unserer persönlichen Verantwortlichkeit heraus, und fühlen uns auch noch ganz gut dabei. Wir fragen immer: «Ist das mein Job? Es gibt doch dafür irgendwelche Behörden, Vereinigungen, Bewegungen und Vereine.» Und dann gibt es welche die sagen: Jawohl. Für die Arbeit in der Verbreitung des Evangeliums sind die verantwortlich, die in irgendeiner Kirche oder Gemeinde mitarbeiten. Ich bin der Meinung, wir sollten uns als Christen alle auf die eine oder andere Weise engagieren. Diese Welt hungert nach dem Evangelium von Jesus Christus. Diese Welt schreit um Hilfe und wir schweigen. Damit werden wir schuldig.

Die alles entscheidende Frage

Verantwortung hat damit zu tun, dass wir das Angebot von Jesus Christus annehmen. Sein Angebot ist das Versöhnungs- und Liebesangebot an uns. Es ist sein persönliches Angebot an jeden einzelnen von uns. Verantwortung heißt, diese Frage oder besser ausgedrückt, die Herausforderung Jesus Christus nicht auf andere zu delegieren. Dazu gehört auch, dass wir uns nicht verschanzen hinter der Ansicht mancher Zeitgenossen, nach dem Tod sei sowieso alles aus und danach käme nichts mehr. Wenn hundert oder tausend oder sogar zehntausend Leute in unserer Gesellschaft behaupten, mit dem Tod sei wirklich alles aus, wird es dann wirklich Realität? Ich glaube nicht. Ich glaube es nicht nur, ich weiß es. Verantwortung heißt, sich stellen. Nicht mehr ausweichen. Nicht mehr übergehen zur Tagesordnung, nicht Flucht in den Aktionismus, nicht Flucht in die atemlose Hektik, sondern Antwort finden und Antwort geben auf die Anfrage Gottes, wie wirs denn halten mit dem Versöhnungsangebot von Jesus Christus. Nichts anderes ist maßgebend.

Wir müssen ausbrechen aus unseren angestammten Denkmustern und aus unseren Verhaltensweisen. Wir brauchen mehr Realitätssinn. In unserer Wirtschaft müssen wir uns um Märkte kümmern, um Vorgänge, um die Konkurrenz, um Zukunftsentwicklungen. In einem Büro habe ich vor einigen Jahren einen Spruch hängen sehen, der lautete: «Wer sich nicht mit seiner Zukunft beschäftigt, wird auch keine haben.» Genau das ist wichtig. In unseren Berufen heißt es oft: Wir müssen uns wieder an den Märkten orientieren und nicht, was Techniker für machbar halten. Die Lösung dafür, wie wir uns in unseren Berufen verhalten müssen, habe ich weder in einer Management Enzyklopädie noch in einem dieser heute in millionenfacher Auflage gedruckten «hochgeistigen» Ergüsse namhafter Wirtschaftskapitäne gefunden. Ich habe die Lösung in einem Kinderbuch mit dem Titel: «Tausend und eine Nacht» gefunden. Ich beschreibe die Geschichte einmal in unserem heutigen Vokabular. Da gab es einen Sultan, der hieß Harun al Raschid. Und wenn dieser Mann um siebzehn Uhr Büroschluss hatte, zog der sich einen ganz einfachen Arbeiterkittel an und mischte sich unter seine Leute. Er hat mit ihnen getanzt. Er hat mit ihnen gefeiert. Er hat mit ihnen diskutiert. Er hat mit ihnen gestritten. Er hat sich mit ihnen ereifert. Er hat mit ihnen gelacht. Und aus diesen Begegnungen und Erfahrungen zog Harun al Raschid Richtlinien für seine Finanz-, Innen- und für seine

Sozialpolitik. Und er ist eingegangen in die Analen als einer der ganz großen, weisen, humanen und volksnahen Herrscher. An diesem Mann sollte sich jeder von uns, ob Politiker, Wirtschaftsboss oder einfacher Bürger ein Beispiel nehmen.

Von einer sehr erfolgreichen deutschen Firma hörte folgendes: Da muss jeder Manager, egal in welchem Ressort er tätig ist, jeden Monat für drei Tage raus zu den Kunden. Er darf dabei nicht mit dem Dienstwagen fahren, darf keine Taxe benutzen, darf nicht in vier oder fünf Sterne Hotels wohnen, sondern muss in der Straßenbahn fahren und in der Dorfkneipe essen und übernachten. Der Chef dieser Firma hat sich dabei natürlich etwas gedacht und formulierte dies seinen Managern gegenüber so: «Drei Tage im Monat sollt ihr wenigstens erleben, wer eure Kunden sind. Wie sie reden, damit ihr nicht Werbeslogans kreiert, die in einer Art und Weise formuliert sind, dass kein Mensch sie mehr versteht. Ihr müsst wissen, wie eure Kunden denken, welche Probleme sie haben, was sie von euren Produkten halten und was sie an euren Produkten ganz blöd finden. Auch wen ihr selbst sie ganz toll findet.» Das war eine gute Erziehung. Das hat frisch gemacht und frisch gehalten.

Die Nachdenklichen unserer Vorväter gingen, wann immer Grundsatzfragen zu lösen waren, in die Klausur. In den Klöstern ist es seit jeher üblich gewesen, aber auch ganz einfache, kleine Leute sind in die innere Klausur gegangen. Das heißt, sie haben sich ganz einfach mal zurückgezogen. Entweder ins stille Kämmerlein oder auch mal in die Stille mit sich selbst. Raus aus dem ganzen Trubel. Sie zogen sich zurück, weil sie wussten, dass aus konsequenten Denkprozessen, Entscheidungen werden müssen. Sonst waren die Denkprozesse umsonst. Sollten wir uns an denen nicht mal wieder ein Beispiel nehmen in der heutigen Zeit? Sollten wir uns nicht mal aufraffen und beispielsweise an einem Wochenende ein abgelegenes Hotel aufsuchen um einmal nachzudenken, was der Sinn unseres Lebens ist?

Ich möchte ihnen gerne eine Aufgabe stellen: Versuchen sie einmal herauszufinden, was der Sinn ihres Lebens ist. Nehmen sie sich Zettel und Stift und formulieren sie einmal schriftlich den Sinn und Zweck ihres Daseins. Ich habe einen Bekannten in der Schweiz, der in einem Seminar genau diese Frage an die Teilnehmer stellte. Bei diesen Leuten handelte es sich um gestandene Christen. Er erzählte mir: «Es war verheerend, was da heraus kam. Ich habe mir gesagt, wenn so viele Christen noch nicht mal in der Lage sind zu formulieren, was der Sinn ihres

Daseins ist, wie wollen sie dann anderen Antwort geben? Wenn wir nie darüber nachgedacht haben, was der Sinn unserer Existenz ist, wie wollen wir dann Antwort finden? Wie wollen wir die richtigen Fragen stellen? Wie wollen wir denen begegnen, die wirklich auf der Suche sind?»

Deshalb möchte ich Sie mit diesen wenigen Zeilen anregen darüber nachzudenken, was der Sinn ihres Lebens ist, wer dieser Jesus Christus ist und warum er untrennbar mit dem Sinn ihrer Existenz verbunden ist. Was hat Gott sich mit uns Menschen gedacht, was hat dieser Jesus Christus getan und was möchte er für jeden einzelnen von uns tun? Die Antwort darauf finden sie nur in der einzigen Quelle, die es dafür gibt, in der Bibel. Ich nehme ihnen die Schwellenangst. Sie brauchen keine Bibelkenntnisse dafür zu haben und auch keine theologische Vorbildung. Sie müssen nur endlich einmal den Mut haben, Zeit in diese Frage zu investieren. Zeit in die Frage nach Gott. Dann erhalten Sie Antwort auf die im Buchtitel gestellte Frage: «Sind wir noch zu retten?» Wenn sie das nicht tun, haben sie am Leben vorbei gelebt. Ich sage das so ernst und so dringlich, weil ihnen nicht mehr viel Zeit bleibt zu begreifen, dass eine Entscheidung für oder gegen Jesus Christus fällig ist.

Es geht in unserem Leben letztendlich nicht um materielle Fragen. Es geht nicht um Erfolge. Es geht nicht um unsere guten Werke. Es geht nicht um unser vermeintliches Wohlverhalten gegenüber Gott. Es geht nicht um unsere so wohlwollende Toleranz gegenüber der Kirche. Es geht um etwas ganz anderes.

Ich erzähle ihnen zum Schluss noch eine kleine Geschichte aus dem Neuen Testament:

Jesus hatte seine siebzig Jünger jeweils zu zweit ausgeschickt und zu ihnen gesagt: Geht mal in die umliegenden Ortschaften, in die Dörfer und Städte, und erzählt den Leuten, was ich euch gesagt habe, damit sie begreifen, was es mit Gott auf sich hat. Die Jünger sind sodann hoch motiviert losmarschiert, und haben das getan. Als sie einige Zeit später zurückkamen, haben sie Jesus voller Begeisterung berichtet, wie erfolgreich sie gewesen sind. Sie erzählten, dass die Leute wirklich gebannt ihren Predigten zugehört haben und sie gewaltige Dinge haben wirken können. Und dann hebt Jesus ihnen den Blick von sich selbst und ihren Erfolgen weg und sagt ihnen etwas, womit niemand von ihnen gerechnet hat, nämlich: «Freut euch nicht darüber, dass ihr Erfolg gehabt habt. Freut euch über etwas ganz anderes. Freut euch, dass eure Namen im Himmel angeschrieben sind.»

Frage an Sie zum Schluss: «IST IHRER DABEI?»

Quellenangaben

John Naisbit «Megatrends»
Originaltitel: «Ten new directions transforming our lives»
New York, 1984

Gerhart Hauptmann «Die Weber» München, 1892

David Riesman «Die einsame Masse»
Originaltitel: «The lonely crowd» London, 1950

Arnold Toynbee «Menschheit und Mutter Erde»
Originaltitel: «Mankind and mother earth»
München, 1976

Barbara Jakob «Vorwärtskommen oder Stehenbleiben»
Lahr, 1995

Erich Fromm «Haben oder Sein» Stuttgart, 1976

Über den Autor

Friedhelm Haas, Jahrgang 1958, ist freier Journalist und Autor. Neben seiner journalistischen und schriftstellerischen Tätigkeit, unterrichtet er an verschiedenen Journalistenschulen. Er ist verheiratet und Vater von vier Kindern.

www.ingramcontent.com/pod-product-compliance
Lightning Source LLC
Chambersburg PA
CBHW051918250726
48659CB00002B/725